TODO LO QUE ODIAS DE TU SIGNO (Y TODAVÍA NO SABES)

VIRGO

TODO LO QUE ODIAS DE TU SIGNO (Y TODAVÍA NO SABES)

VIRGO

Una guía para sobrevivir a ti mismo

temas de hoy

171

Edición a cargo de Charas Vega
Corrección de estilo a cargo de Alba Armario

Desarrollo editorial: Anónima Content Studio
Redacción: Catalina Torres-Benjumea / María José Fermi
Cuidado editorial: Equipo Editorial Anónima Content Studio
Diseño: Anónima Content Studio / Lyda Sophia Naussán R.
Imágenes de interiores: © FreePik
Ilustración de la cubierta: Anónima Content Studio / Sheila Norma Alvarado Peña

Primera edición en español:
© 2023, Editorial Planeta Mexicana, S.A. de C.V.
Bajo el sello editorial DIANA M.R.

© Editorial Planeta, S. A., 2024
temas de hoy, un sello editorial de Editorial Planeta, S. A.
Avda. Diagonal, 662-664, 08034 Barcelona (España)
www.planetadelibros.com

Primera edición en esta presentación: septiembre de 2024
Segunda impresión: noviembre de 2024
ISBN: 978-84-19812-82-7
Depósito legal: B. 12.103-2024
Composición: Realización Planeta
Impresión y encuadernación: Huertas Industrias Gráficas, S. A.
Printed in Spain - Impreso en España

«No tenemos que avergonzarnos
de coquetear con el zodiaco.
Vale la pena coquetear
con el zodiaco.»
D. H. Lawrence

ÍNDICE

PRÓLOGO

Amiga Virgo, ¿qué te puedo contar que tú no sepas? Cuando me propusieron hacer estos libros pensé «qué suerte van a tener las personas nacidas bajo el signo de Virgo», ya que, como sabréis (si me seguís en redes), sois mis favoritas.

Mis personitas lógicas, el sexto signo del zodiaco, en el punto medio de la vida que empieza por Aries y acaba con Piscis. Los rige Mercurio y son un signo de tierra mutable. Una combinación ganadora, si me preguntas.

En la rueda de la vida son la primera madurez, aquella durante la cual aún te lo tienes que currar, que por algo es el signo trabajador. Si hay una parte del cuerpo que te represente son los intestinos, porque los continuos dolores de barriga no son más que los sentimientos no expresados que se te enquistan.

Mercurio es el planeta de la comunicación clara (cuando no está retrógrado) y de la mente, por eso Virgo puede parecer tan frío y goza de una gran capacidad intelectual.

Es un signo de tierra, estable y racional, conjugado con la modalidad de mutable, es decir, un signo flexible que sabe surfear los cambios. Vistos desde fuera son perfectos, aunque tienen fama de neuróticos. Son muy exigentes con ellos mismos y con los demás, lo cual dificulta entrar en su grupo de amigos más cercanos. Eso sí, en cuanto entras, estás dentro para siempre.

La perfección les sale por los poros a las Virgo: ordenadas, organizadas, pulcras y trabajadoras. Si las tienes de compañeras de curro, son tus salvadoras; si las tienes de amiga, tu confidente más honesto.

Charas Vega (@charcastrology)

INTRODUCCIÓN

Todos hemos escuchado hablar de los horóscopos. Están en nuestra vida diaria, casi casi en nuestro ADN: que tu amiga comenzó a salir con un Piscis, que tu jefe resultó ser Leo o que por alguna razón eres muy organizada, y casualmente eres Virgo. Pero hay más que eso. La astrología influye en ti y tus relaciones con el universo en general.

En este manual para la vida te invitaremos a reconocerte en aquellas cosas que odias de tu signo (y todavía no sabes). Creemos que en la oposición están también las fortalezas; en reconocer lo que somos y lo que no. Hacer tuyo todo esto te hará mejor. ¿No es así, Escorpio? ¿Te suena, Acuario? Así que hemos recopilado todo aquello que no quieres reconocer y te lo hemos dejado bien clarito para que no te quepan dudas y puedas interactuar mejor con los demás y, por supuesto, contigo mismo.

Unas cuantas reglas de este universo

Te pedimos que dejes la lógica afuera —va para los Virgo—, y que después de leer esta guía analices tu vida e intercambies ideas y opiniones —sigue tu propio ejemplo, Géminis—. Lo que deseamos es que no te inventes historias en la cabeza; si eres Cáncer, ese mensaje es para ti, claramente. ¡Haz caso a las estrellas y déjate llevar!

Pero antes de empezar te pedimos que no dejes que nuestro tono sarcástico o nuestra ironía afecte tu sensibilidad, hay que tener sentido del humor en esta vida; hay que aprender de Sagitario. Nosotros hemos gozado escribiendo este manual de vida desde el humor negro. Primero, porque esa es una estrategia para afrontar mejor el estrés o algunos eventos críticos de la vida. Segundo, porque ayuda a reconocer que te equivocaste —toma nota, Aries—. Y tercero, porque simplemente es más divertido hacerlo así.

El escritor estadounidense Mark Twain —típico Sagitario— lo definió de este modo: «El ser humano solo tiene un arma efectiva: el humor». A lo que el poeta francés Jean de Santeul —otro Sagitario— añade: *Castigat ridendo mores*, es decir: «Corrige las costumbres riendo». Así que nos lo hemos tomado en serio y en esta guía te mostraremos un camino que va por ese lado.

LOS 12 SIGNOS
DEL ZODIACO

Este no es uno de esos libros de horóscopos que romantiza la astrología y solo ve lo bueno de los signos, ese que ya tanto conoces y que has leído desde siempre. Aquí te vamos a decir «lo rudo» de los signos, por así decirlo: la verdad salvaje de cada uno, sin anestesia. Mejor dicho, este es un ANTIHORÓSCOPO: una guía de todo lo que no son, y que en realidad los pinta de cuerpo entero. Agarraos que allá vamos.

ARIES

21 de marzo–19 de abril

Aries, tú no conoces el límite. Con tu cornamenta lo empujas siempre para demostrar que puedes hasta con lo inalcanzable, incluso si acercarte a las llamas significa que puedas quemarte de vez en cuando. Eres puro fuego, pasión e impulso. ¿Ser uno más de la manada? Imposible. ¡Jamás! Tú no naciste para seguir al resto, sino para liderar.

Elemento: Fuego - **Regente:** Marte

TAURO

20 de abril–20 de mayo

Tauro, tú no naciste para sufrir. Eres un gozador nato. No entiendes cómo hay gente que no disfruta todos los placeres de la vida a cada momento, en cada instante. Aunque puedas parecer muy hedonista, la realidad es que —como buen toro— tienes los pies sobre la tierra. Eres confiable y estable. Eso sí, lo testarudo nadie te lo quita.

Elemento: Tierra - **Regente:** Venus

GÉMINIS

21 de mayo–20 de junio

Arriba o abajo. Blanco o negro. Amor u odio. Géminis, a ti el punto medio te da alergia. A ti lo que te gusta son los extremos, puedes pasar de un extremo al otro como quien cambia de ropa interior a diario. Te habita un par de gemelos que van a su estilo, los dos muy guapos, muy hermosos; ellos son los reyes de la calma y de las buenas bromas.

Elemento: Aire - **Regente:** Mercurio

CÁNCER

21 de junio–22 de julio

Cáncer, tú que odias la inestabilidad y las ambigüedades, siempre estás listo para zambullirte en el mar de emociones que es la vida. ¿Viene una ola de alegría? Ahí estás. ¿Viene una ola de tristeza o mal humor? ¡Caparazón, para eso te tengo! La intuición pocas veces te falla, por eso eres el consejero del zodiaco, aunque tu sensibilidad a flor de piel a veces te traiciona.

Elemento: Agua - **Regente**: La Luna

LEO

23 de julio–22 de agosto

Confiesa, Leo, cuando entras en una habitación piensas para ti: «Abran paso a su alteza, rey de la selva, primero de su nombre, señor de las constelaciones y protector de todo el reino zodiacal». Y es que naciste para brillar y liderar. Aunque a veces ese poder se te suba a la cabeza y reines en la oscuridad de tu propia soberbia.

Elemento: Fuego - **Regente:** El Sol

VIRGO

23 de agosto–22 de septiembre

Vamos a delatarte, Virgo. No hay nada que te saque más de quicio que te cambien los planes. Tú no dejas nada fuera de orden, eres amante de las hojas de Excel y las agendas. Si de último minuto te cancelan una cita, no hay poder humano que te haga aceptar otra. Tienes un espíritu eficiente y perfeccionista que no puedes con él.

Elemento: Tierra - **Regente:** Mercurio

LIBRA

23 de septiembre–22 de octubre

Que no te pidan enfrentar un conflicto o tomar una decisión radical, Libra. Tú eres el amo y señor de los matices. Te sientes cómodo moviéndote en un sinfín de tonos grises. Como buena balanza que eres buscas el equilibrio, pero sueles tener respuestas que no son «ni fu ni fa». Ahora bien, lo que te sobra de indeciso lo tienes de sobra en acto y espíritu conciliador.

Elemento: Aire - **Regente:** Venus

ESCORPIO

23 de octubre–21 de noviembre

Ni olvido ni perdón. Los que dicen que los monstruos no existen no te conocen enfadado, Escorpio. Y una vez que clavas el aguijón no hay vuelta atrás. No hay disculpa que sirva; «ojo por ojo y diente por diente» es tu ley. La memoria es tu aliada, pues tampoco olvidas los buenos gestos que otros han tenido contigo. Magnético y pasional, andar a tu lado es abrazar el misterio y saltar al vacío sin saber si el paracaídas abrirá o no.

Elemento: Agua - **Regente:** Plutón

SAGITARIO

22 de noviembre–21 de diciembre

No tener planes no es lo tuyo, Sagitario. Quedarte quieta o quieto, tampoco. Los días duran 24 horas, pero los tuyos tienen 30. Si no tienes nada que hacer, te lo inventas. Eres pura aventura, vives para intentar cosas nuevas: viajar a lugares desconocidos, degustar platos exóticos y probar cuanta posición en la cama tu cuerpo te permita.

Elemento: Fuego - **Regente:** Júpiter

CAPRICORNIO

22 de diciembre–19 de enero

Para ti, Capricornio, no existe peor pecado que no cumplir una promesa. La palabra es palabra; si no, azote. Tú ordenas tu mundo con una línea imaginaria que divide todo lo que está bien de lo que está mal y más les vale —¡y a ti también!— estar del lado correcto. Si la vida es una montaña, tú naciste para treparla y llegar a la cima, aunque cueste sangre, sudor y lágrimas.

Elemento: Tierra - **Regente:** Saturno

ACUARIO

20 de enero–18 de febrero

¿Seguir las reglas del juego? Eso nunca. Las pautas y normas no se inventaron para ti, Acuario. Tú estás lejos de ser casto y puro. Eres libertino y cuestionas hasta el cansancio. Buscas nuevos caminos para innovar y, ¿por qué no?, liberar todo aquello que consideras injusto. Lo que tienes de audaz e intrépido, también lo tienes de impredecible y esquivo.

Elemento: Aire - **Regente:** Urano

PISCIS

19 de febrero–20 de marzo

A ver si Piscis nos presta atención. Deja tu realidad paralela un segundo, por favor. Sabemos que no te gusta sentirte preso y que tu respeto por las convenciones es tan abstracto que dejas que todo fluya por otro lado. Si las cosas se ponen difíciles, te esconderás entre los corales; pero cuando estés preparado, ¡vaya!, saldrás a la superficie para dar un coletazo si te desafían.

Elemento: Agua - **Regente:** Neptuno

VIRGO

El amigo
que no puede
soltar el control
y busca
la perfección
hasta en la
salsa picante.

ANIMAL

Virgo, eres representado por una figura humana femenina: Astrea, una de las hijas de Zeus y la diosa virgen Temis, encargada de la justicia y la ley divina. Astrea, virgen también —o eso dicen los mitos—, fue designada por Zeus para cuidar la justicia de la Tierra y durante la Edad de Oro vivió feliz porque, entonces, todos los seres se portaban bien. En la Edad de Plata todo cambió; los seres bípedos, es decir, los *homo sapiens*, debido a su ambición se volvieron corruptos y malvados. A Astrea no le gustó más vivir en la Tierra y le dijo a Zeus que así no, que la devolviera al cielo. Y Zeus le dijo que no, que ajusticiara a esos humanos.

Entonces se dice que Astrea ayudó a los humanos a resolver los conflictos y a mantener el equilibrio y la equidad, pero en vez de mejorar la Tierra, empeoró. Por lo tanto, cuentan que prefirió volverse constelación y vigilar «de lejos».

CONSTELACIÓN

Virgo es la constelación más grande de todo el zodiaco y que se puede ver en cualquier momento. Pero de eso a conseguir ver a una persona en esa cantidad de estrellas, no lo prometemos. Tu constelación simboliza una mujer virgen, joven o una doncella. Pero ¿qué tiene que ver la virginidad contigo? Estamos haciendo las debidas investigaciones, pero hasta ahora no hay un dato relacionado con tus gustos personales o con algún tipo de pureza digna de un Virgo.

Los romanos pensaban que esta mujer estaba relacionada con Ceres, la diosa de la agricultura, a la que le pedían sabiduría para poder sembrar en el momento correcto y por eso a veces se presenta la imagen de la joven con una espiga. Otra interpretación es la de la tradición cristiana, esta dice que es la virgen María. Bien, ahí tienes para que escojas la opción que mejor te represente.

SÍMBOLO

Si estaba difícil la constelación, no te contamos lo que es el símbolo. El glifo —o garabato con forma de «M» con una especie de panza pegada al final— tiene que ver con la abreviatura de la palabra latina *virgo* o con la representación de la mujer (otra abstracción igualita a la de la constelación); por otro lado, la colita en forma de panza representa la espiga. Pero al final de nuestra profunda búsqueda de la verdad única solo encontramos que no se sabe por qué es una «M» acompañada de lo que sea que es esa colita.

PLANETA REGENTE

Estás regido por el planeta de la comunicación, la inteligencia y la lógica. Mercurio, que también rige a Géminis —pero que no sabemos cómo lo hace para ser tan diferente en la influencia—, hace que tengas una mente analítica, criticona con ganas; una tendencia al perfeccionismo (que no existe, pero tú haces que sí y te amargas hasta que lo encuentras); el superpoder de la comunicación clara, precisa y elocuente (otra bonita manera de nombrar a la manipulación). Eres muy bueno para los estudios, el aprendizaje y la investigación. Pero, ¡cuidado!, que por convertirte en ratón de biblioteca te olvidas del mundo que te rodea, puedes ser muy duro y exigente contigo mismo y nunca estar satisfecho con tus propios logros (¿aló, *surmenage*?).

Te dotaron con el don de la organización, pero esto mezclado con la perfección es un cortocircuito y te vuelves insoportablemente ordenado. Pero dirás «¡no existe la relación entre ordenado e insoportable!» Para los demás habitantes del mundo, sí. ¿Por qué? Porque todo tiene un límite. Recuerda que la intransigencia es uno de los pecados capitales (o así debería ser).

Por eso aquí te vamos a mostrar un montón de cosas que no te imaginas y esperamos que no se te salte una vena en la frente. Mantén una respiración lenta y profunda, que no respondemos por los daños que puedan causar las verdades que estamos a punto de revelarte.

ELEMENTO

Mercurio quiere regalarte los viajes y la movilidad, los cambios de lugar, pero como caíste en el elemento tierra, lo que tú tienes son raíces y lo único que vuela en ti es la furia cuando no tienes el control. Así como todos tus compañeros de elemento eres cabezón y mandón, pero el orden y la limpieza son como una maceta para ti; estás plantado en la idea de que la vida es ordenada y limpia, y de ahí no te mueve nadie. La casa es tu lugar feliz, pero cuando está limpia y preferiblemente sola, porque sí que eres social, pero un ratito. Tenemos que aclarar que en ese momento fugaz eres de los mejores anfitriones y tienes la cosita adecuada para cada cosita; por ejemplo, la cuchara especial que solo se usa para sacar la bolsita de té de la taza y no se debe confundir jamás con la que revuelve el azúcar dentro de la misma taza.

Tu elemento te hace muy hábil consiguiendo dinero y eres el mejor haciendo negocios y conexiones.

La forma que tienes para cerrar tratos es admirable, pues no se te escapa nada. Si quisieras vender un hueco de la calle podrías, y hasta propondrías alternativas para volverlo una piscina de lodo exótica. Tu comunicación está enfocada en ser efectiva y en dar resultados, no andas perdiendo el tiempo como una mariposa conociendo gente que no le aporta a tu forma «perfecta» de vida.

PERSONALIDAD

¿QUÉ NO ERES, VIRGO?

No conocemos a un signo al que le cueste mudarse más que a ti. Y no es pereza, son tus raíces y las poquísimas ganas que tienes de cambios. Te encantan las rutinas y que nadie te las arruine. Y si a eso le sumamos la obsesión por el orden, y la pasión por los detalles, queda tu esencia pura. Eres la cuadrícula hecha persona, pero tienes tu propio diseño; es decir, eres cuadriculado, pero no en los estándares del mundo, tienes los tuyos y es muy difícil darte la talla porque no solo llega hasta el cielo, sino que ¡no nos cuentas! Perdimos y ni supimos que estábamos jugando. Tenemos una mala noticia para ti: los ideales perfectos son los padres, así como Papá Noel, el ratoncito Pérez o los Reyes Magos. Y si te pones como loco a buscar la perfección en ti o en los otros, puede ser el lugar en donde siempre vas a perder.

Virgo, el que no se relaja

A los humanos nos hicieron imperfectos, es un *chip* que no se puede cambiar, no lo hagas personal, Virgo. El mundo no está confabulado para hacer tu vida miserable a punta de cuadros inclinados o la raya del delineador de ojos que nunca queda igual en los dos lados (la tuya o la del ser que esté en frente con el ojo torcido). Dejando de lado las mentiras y los cuernos, que son pecados con pena de muerte para ti, podrías considerar que las personas a veces llegan tarde. Pero, oye, no todos tenemos el ojo —o la conciencia— que tienes tú, porque eres observador como ningún otro signo y no se te escapa el puntito negro.

¡Suéltame un ratito! Atentamente, el control

Que te guste cuidar a los demás y tener la vida planeada es una cosa, pero que dejes de salir porque no puedes controlar las situaciones o porque no salen las cosas como estaban planeadas ¡es demasiado! Vuelve a ponerte las zapatillas y sal; la vida no se va a acabar ni va a ser menos digna porque las cosas no salgan como planeabas. Borra esa norma de donde sea que la tengas, relaja la espalda y el cuerpo de una vez. Ya sabemos que la hipocresía y tú no sois amigos, pero deberías parar a ese juez implacable que llevas dentro. Aunque esos ojitos trasluzcan todo lo que piensas y te cueste un montón disimular.

Ser indulgente no es lo tuyo; al contrario, tu lado oscuro, y tu cara no tan bonita, es el rencor. Los errores se medio perdonan, pero no se olvidan; serán echados en cara, incluso mentalmente.

Virgo, el signo mutable que no muta

Eres naturalmente elegante y con un estilo que te hace especial e inolvidable por donde pasas. Te combina todo: el reloj, los calcetines, los zapatos, la ropa interior, el humor y además está todo impecable. Una vez conocimos a un Virgo que usaba el sujetador de diferente color que las medias como método anticonceptivo... Y, adivina, tiene dos retoños hermosos porque hasta las ganas le pueden a la perfección virginiana. Aunque eres un signo mutable, tú no cambias, son esas paradojas astrológicas que no entenderemos jamás. Pero aunque quieras esconderlo, tienes una debilidad latente por lo terrenal, por un beso, un abrazo y la privacidad de tu placer porque no queremos meternos en tu intimidad... o sí, pero más adelante.

DEFECTOS

Te pierdes la imensidad del bosque porque hay una rama rota en un arbusto y eres incapaz de poner las cosas en perspectiva. Eres miope en tu vida y sin lentes, porque estás enfrascado en ese punto minúsculo que nadie más ve, pero te arruina la vista.

Eres inflexible en tus creencias y en tus hábitos; hasta puedes resultar hostil cuando alguien te da una sorpresa, así tenga la mejor intención. Que perdonen a los que se les ocurra hacerte una fiesta sorpresa, ¡no lo soportarías! En los ingredientes que usaron para crearte no metieron el don de la improvisación.

Aunque eres intuitivo, la brújula se te daña cuando tiene que ver contigo: eres muy autocrítico y no crees en lo bueno y bonito que eres. Cuando se repartieron los dones, el perfeccionismo en ti lo pusieron justo encima del amor propio y eres incapaz de ver que tienes cosas buenísimas, es más, dejas de mostrar proyectos muy bien hechos porque no son lo suficientemente perfectos para tus ojos que no ven de lejos.

No soportas no tener la razón y esto te daña la vida; no lo dejas pasar y no es frecuente, pero cuando se apodera de ti el ogro del negativismo liberarte está muy complicado, por necio y cabezón. Una vez más usando el elemento tierra, no para estabilizarte, sino para ser terco como una mula.

LO QUE TE HACE SUPERIOR

Creemos —y ojalá los astros nos protejan— que mientras tú piensas que la forma correcta en la que se debe vivir es siendo extremadamente organizado y que todo, hasta divertirse, debe tener un manual de instrucciones, el resto del mundo puede vivir sin el orden excesivo y con un champú sin guía para el usuario.

Queremos que te tranquilices y hagas el ejercicio de poner la televisión con el volumen en un número impar, vas a ver que no se va a acabar el mundo y no se va a dañar el electrodoméstico. O, quizás, usar el plato del postre para comerte unas patatas bravas o cualquier otro plato salado.

TU PEOR INSULTO

¡Es tan fácil insultarte! Te tomas la vida demasiado en serio y los detalles son tu punto débil.

- Lavar los platos sin utilizar tu método infalible del agua caliente o el que uses.
- Que ignoren tus metodologías para ser más eficientes en lo que sea (hasta para atarse los cordones).
- Que hablen sin parar y no te pidan tu opinión.
- La mentira y la infidelidad son pecados mortales.
- Que te ensucien lo que acabas de limpiar.

«EL LÍMITE NO EXISTE»

Para ti los pecados capitales están alrededor del orden, la limpieza y la eficiencia, nada que no tenga esas características merece tu tiempo ni tu atención. ¡Hazte a un lado! Hasta que te enamoras y lo puedes perdonar todo, dando la lata, obviamente, pero eres leal y decidido. Te gustan las personas que sean educadas y que tengan sensibilidades que tú no has desarrollado porque también estás en la vida para aprender y después enseñarle a tu maestro.

TU LADO *DARK*

El peor defecto que puedes tener es una obsesión por perfeccionismo, con unas gotas de autocrítica y juicios sin clemencia que se aguantan los otros pobres. En tu peor momento es mejor esconderse y no pasar ni cerquita. Tienes el talento de encontrar el insulto perfecto para que suene bonito y ponga a cualquiera en cuidados intensivos con pronóstico reservado. A tus ofensas no les hace falta ni una tilde, son perfectas y letales. Eres un veneno verbal y lo haces tan natural que a veces ni te das cuenta de lo mal que dejas a tus adversarios. Ni te despeinas.

ASESINOS EN SERIE

Querida Virgo, no tengo ninguna duda de que serías una asesina en serie excelente. Es más, dudo que jamás ocultaras un cuerpo en el desván. No hay otro signo que sepa guardar mejor un secreto y sea más prudente que tú.

Imagina una escena del crimen y un Virgo en acción: sabría perfectamente qué hacer, cómo cortar la carne, cómo limpiar el suelo para no dejar ni un rastro de ADN. Y, sobre todo, sabría mantener el pico bien cerrado. Virgo es una asesina seria, fría, metódica y extremadamente informada. Su perfeccionismo será un arma perfecta para no dejar ni un pelo por ahí; ningún detective podría adivinar que ha sido Virgo, lo dejaría todo atado y bien atado.

Por otra parte, esta tendencia a no abrirse mucho a los demás y a parecer fría también podría levantar sospechas, así que anda con cuidado, amiga Virgo.

Ed Gein: Si algo caracteriza a Virgo es su practicidad y su sentido de la estética. Gein juntaba estas dos características del signo al aprovechar los cuerpos de sus víctimas para construir muebles.

MODA

Virgo es un signo que entiende que menos es más y que en los complementos y los detalles está la verdadera elegancia.

Sus colores son el verde y el azul, no son de llevar colores brillantes, pero no harían un feo a los colores pastel. Es un tópico, aunque suelen llevar colores oscuros y el negro es uno de sus *must*.

Les flipa la idea de lujo y no dudarán en ahorrar durante meses por una prenda específica. Son sin duda de tener pocas piezas de ropa en su armario, pero todas y cada una de ellas está escogida con cariño y esmero. Además, al tener una relación tan estrecha con su indumentaria, van a mimarla y tratarla en todo momento como es debido.

PLAYLIST

Canciones Virgo de artistas Virgo:

- Beyoncé — *Virgo's Groove*
- Kim Petras — *Future Starts Now*
- Amy Winehouse — *Wake Up Alone*
- Joji — *Die For You*
- The Cranberries — *Linger*
- Buddy Holly — *You're So Square (Baby, I Don't Care)*
- Freddy Mercury — *Living On my Own*
- Leonard Cohen — *You Want It Darker*
- Fiona Apple — *Fetch The Bolt Cutters*
- Joan Jett & the Blackhearts — *I Hate Myself for Loving You*

PERSONAJES FICTICIOS

Hermione Granger, de *Harry Potter*

Virgo en su etapa empollona repipi más adorable a la par que insoportable. Si eres Virgo lo más seguro es que fueras así durante tu etapa de estudiante. Además, su pareja perfecta es Ron, que para mí obviamente es Piscis.

La teniente Ripley, de *Alien*

La persona con dos dedos de frente en esa nave. Nadie hace caso de sus órdenes y, si la hubieran escuchado desde un principio, nos quedamos sin saga.

Bella, de *Crepúsculo*

A pesar de la tonelada de críticas que recibió por ser un personaje un poco inusual, no podemos negar que la introversión, la devoción, la entrega total y la obsesión por algo o alguien son todo características del signo Virgo.

La profe de *Matilda*

Representa un poco una vida de ensueño para cualquier Virgo: ella solo quería una existencia tranquila y apacible para poder cuidar de Matilda y tener una casa preciosa.

PERSONAJES REALES

Beyoncé

Empecemos por lo importante, lo obsesionada que está con su signo. En la canción «Flawless» habla de cómo la gente percibe al signo de tierra, en su último disco tiene una canción llamada «Virgo's Groove» y en el primero ya incluyó otra titulada «Gift from Virgo». Como dice su canción, ella ya llevaba currando en esto desde niña, por eso ahora es perfecta.

Michael Bublé

Simplemente por el hecho de ser un currante y sacar un disco de navidad cada año creo que se ha ganado una mención en el palco de los Virgo.

Tim Burton

Los Virgo tienen una relación especial con la estética, la cuidan mucho y, sobre todo si son góticos (lo cual no es raro en ellos), son muy constantes y pulcros con sus *outfits*. De Burton decían que dibujaba encima de armarios. Trabajó para Disney en *Tod y Toby* y lo echaron porque le salían zorros y perros aplastados ¿La venganza? Currárselo tanto que Disney lo tuvo que llamar para que hiciera *Pesadilla antes de Navidad*. Es fuerte.

Twiggy

La *it girl* de los 60, conocida por tener un estilo y una elegancia propios. Siempre la infravaloraron en otras áreas laborales, pero ella demostró con creces que era igual de buena como actriz que simplemente dando las mejores entrevistas (recomiendo un vídeo en el que Woody Allen intenta meterse con ella y Twiggy lo acaba dejando a él en ridículo).

TUS MOMENTOS MÁS ODIOSOS

Expectativa: te ves como el maestro supremo del orden y la perfección. Te imaginas como un ser impecable, organizado, con toda la vida resuelta meticulosamente, todo planificado y controlado. Además, crees que esas son las virtudes que los demás vemos y que te admiramos por tener todo tan claro en la vida.

Realidad: en nuestra dimensión, te vemos como un loco un tanto perturbado por no poder ordenarlo y controlarlo todo, hasta lo que no es tuyo. Te vamos a contar la verdad: en vez de admirarte por eso, nos parece agotadora y excesiva la obsesión que tienes por tener todos los detalles bajo control. Vemos a una persona jugando a ser un dios que no se relaja ni disfruta la vida porque va buscando qué arreglar ¡como si todo estuviera dañado!

EL REGALO MENOS DESEADO

Creemos que el premio se lo puede llevar una maqueta para armar que no tenga utilidad alguna. Odias perder el tiempo en cosas que no te sirven y que no tienen ninguna utilidad clara. Un objeto inservible, porque al final no puedes hacer nada con eso.

También odiarías recibir regalos excesivamente costosos y extravagantes porque no va con tu estilo minimalista y sobrio, que se contradice con esa atención descomunal al detalle en los otros asuntos de la vida.

EL COLMO DE LOS COLMOS

El peor escenario para ti puede ser que estés acostado en tu cama, con muchas ganas de descansar después de dejar impecable la casa, de hacer todas las tareas de tu lista diaria. Apagas el móvil porque no quieres que nada interrumpa este momento de la vida —programado con ocho días de anticipación y adelantando los pendientes de la semana que sigue, porque estás demente— y apenas te acuestas en tu cama, recién tendida, se te pierde el mando de la tele y no hay poder humano que lo haga aparecer. Apostamos que solo leyendo esto ya se te pone la piel de gallina, Virgo.

HOBBIES QUE ABORRECES

- Un concierto de música experimental.
- Coleccionar arte abstracto costoso y *snob*.
- Hacer un recorrido gastronómico, pero de comida callejera.
- Viajar sin mapas ni horarios.
- La improvisación.

JAMÁS TE DISCULPARÁS POR…

- Llegar a una casa *random* y empezar a enderezar los cuadros.
- Devolver un regalo que no consideres práctico o que no te guste.
- Criticar «de forma constructiva» sin parar.
- Planificar y controlar todas las actividades de un viaje al que solo fuiste invitado.
- Pensar demasiado alguna decisión.

ANTIMATCH

Aries

Nuestro primer candidato es un signo de fuego, superaventurero, impaciente y muy espontáneo. Tú eres el perfecto opuesto, te gusta planear todo, TODO. Necesitas tiempo y paciencia hasta para jugar al Tetris. El hecho de que Aries no se deje mandar ni organizar te va a provocar úlceras en el estómago.

Géminis

A estos gemelos les encanta hablar de todo sin concluir nada, lo planificado les aburre y cuando se aburren, salen corriendo. A ti te encanta enfocarte en terminar tareas y marcar *checklists*, eso te hace profundamente feliz. Aunque, quién sabe, quizá podríais hablar un ratito y se conectarían vuestros Mercurios.

Libra

Otro signo de aire que está enfocado en la armonía, el equilibrio y la belleza. Por tu lado, la lógica y la eficiencia son los rasgos importantes y si es bello, o no, no es trascendental con tal de que sea útil y tenga propósito. Esa búsqueda del contrapeso de Libra te puede parecer lenta, aburrida y, sobre todo, inútil.

AMOR

¿CÓMO ERES EN EL AMOR, VIRGO?

Eres el juez del amor. En vez de ser un participante de la relación, te vuelves un sentenciador implacable que hace 758.000 análisis de personalidad, con un sistema complejo de evaluación por méritos y capacidades. Cuando por fin se acaba la ronda de preselección, y estás medianamente contento —porque nada en el mundo, según tus ojos, es perfecto—, te dispones a actuar. Y es místico verte en acción, es otro caso de expectativa *vs.* realidad que expondremos a continuación:

Expectativa: Virgo por fin está atrapado por las garras del amor. Desde tu punto de vista, te vuelcas hacia esa persona y rompes todos tus esquemas para ir tras tu presa.

Realidad: eres amable y le ofreces un café porque lleva una hora bostezando en el evento al que habéis acudido.

Expectativa: le declaraste tu amor incondicional y para toda la vida, solo te faltó el anillo.

Realidad: cuando saludaste, le sonreíste y te tocaste el hombro.

Y así crees que vas por la vida siendo todo un conquistador, pero solo tú te das cuenta porque nadie más está tan pendiente de los detalles y las sutilezas que para ti son cambios drásticos en tu cotidianidad. ¡Espabila, Virgo!.

LO QUE NO HARÍAS NI POR AMOR

Mira, Virgo, tú puedes estar enamorado hasta la médula, no reconocer el día de la noche y sonreírle a la pantalla del móvil con cara de idiota cada vez que recibes un mensaje de esa persona, pero por nada del mundo puedes convivir con el desorden y una vida no planeada. No hay poder humano que te haga ignorar la manchita de té en el mantel ni que el que está enfrente no utilice los cubiertos en el orden que dicen las normas de etiqueta y protocolo, que son más sagradas que la mismísima Biblia.

Tampoco vas a dejar más de un vaso en la mesita del comedor porque hay riesgo de un preinfarto o una noche de insomnio asegurada.

AHÓRRATE LA TERAPIA

Si ya encontraste un temerario que se atreva a vivir el desafío extremo de enamorarse de ti, hazle la vida más fácil y sé generoso para que no termine en terapia.

Esto puede sonar extremo para ti, pero nos vamos a arriesgar: las relaciones no son una lista de tareas por tachar; no todo debe tener un propósito práctico. El amor es así, a veces lo divertido no es el destino, sino el camino. Deja de apretar el trasero solo porque no está dentro de tus listas infinitas.

Es valioso que quieras cuidar a tu pareja, pero recuerda que es tu igual no tu hijo. El amor no es una adopción ni un negocio, es un intercambio de experiencias que te ponen contento el corazón.

Lamentamos decirte que la vida está llena de calcetines sin su par que, irresponsablemente, se separaron en la lavadora. El azar hace mejores experiencias que la lógica. Déjate sorprender, cabezón.

¿CÓMO APLICAS EL *GHOSTING*?

Siempre estás pendiente de todo y consideras que omitir información es alta traición o un posible riesgo que atenta directamente contra tu esencia. En otras palabras, eres un paranoico que ve el vaso medio vacío y tienes una hipersensibilidad que hace que todo lo sientas mucho más grave de lo que es.

Para hacer *ghosting* solo tienen que contestarte en mayúsculas sostenidas, porque piensas que te están gritando. También, responderte después de 5 minutos, porque crees que no le gustas lo suficiente; o tener errores ortográficos, porque jamás perdonarías un maltrato al lenguaje que es perfecto.

TU MEJOR LIGUE PARA UNA SOLA NOCHE

Tauro tiene las patas pegadas a la tierra y los sentidos superdesarrollados, su misión en el mundo es encontrar el placer. Te recomendamos que te dejes llevar por sus pasiones sensoriales y que te dejes complacer, va a ser una noche planeada por los dos y tendrás la plena seguridad de que no saldrá con un látigo o algún juguete imprevisto. Lo mejor de todo es que hasta podrías enamorarte y todo estaría en los terrenos del control, los horarios y las listas de tareas.

TU AMANTE IDEAL

Tu amante ideal para vivir por los siglos de los siglos, Virgo, sería... ¡un diccionario! Sí, eso es correcto. Un diccionario sería el compañero perfecto para satisfacer la sed de conocimiento y perfección que tienes. Además, con tu encanto intelectual y capacidad para encontrar las palabras adecuadas en todo momento, el diccionario sería el compañero ideal para esas conversaciones estimulantes y llenas de palabras bien elegidas. Juntos podrían formar una alianza perfecta buscando constantemente el equilibrio entre el conocimiento y la belleza lingüística.

¿QUIÉN ES TU PEOR AMANTE?

Piscis, el que solo sueña y espera, infantil, a que le lean la mente y le sacien su necesidad de emociones pasionales sin límite, él es tu peor amante. Mientras, tú solo quieres un manual de instrucciones que te diga exacta y precisamente lo que debes hacer, de qué forma y durante cuánto tiempo.

CÓMO NO ABURRIRTE, VIRGO

Evita caer en las peleas constantes, el desorden, y huye de las personas que no quieren ser mejores cada minuto. Además, si no quieres caer en un aburrimiento tremendo por tener que estar más atento a lo que hace el otro que a lo tuyo, mejor no te juntes con alguien despistado. Imagínate por un momento que hiciera algo tan horrible como lavarse los dientes con tu cepillo, ¡qué locura!

COMO EX ERES...

El detective del desamor, examinas cada detalle, mensaje y conversación para intentar entender dónde falló la relación. Hasta puedes elaborar gráficas, diagramas y organizar una reunión de junta directiva para analizar todas las pruebas. Sin embargo, a pesar de tu enfoque analítico y rigurosidad, tiendes a ser amable y educado con tu ex, lo saludas y te despides, aunque tengas dos libros de contabilidad con todas las quejas, reclamaciones y planes de mejoras para ese pobre humano.

PARA QUE TE SOPORTES

- Trata de tener una relación con alguna inteligencia artificial, al fin y al cabo no te gustan tanto las demostraciones de afecto físicas.
- Adopta un pez que no te va a llenar de pelos la casa ni va a ladrar y solo tienes que ponerle comida; ¡ni hablarle necesitas! Será tu compañía ideal sin criticarte, es más, sin decir ni pío.
- Establece un horario para preocuparte, algo como: «Buenas, mí mismo, como eres propenso a preocuparte en exceso, te voy a poner un horario específico al día para que lo hagas, digamos, todos los miércoles de 14:00 a 14:15».
- Date permiso para ser humano, te vas a sorprender con los resultados de no intentar ser un superhéroe todo el día, todos los días.

DINERO

VIRGO Y EL DINERO

«Me dejaré llevar y que pase lo que tenga que pasar», dices. Tres doritos después... ahí vas corriendo a tratar de corregirlo todo. Y es que no puedes con tu genio, Virgo. Tu TOC por el control no combina con el «dejar fluir». Esa es la misma relación que tienes con el dinero y tus gastos. Sabes cuánto entra, cuánto sale, cómo, dónde y cuándo.

Como rey de las hojas de Excel, morirías antes de pedirle dinero a alguien (aunque no tienes problemas con ser quien lo presta). Tu independencia tiene un costo y estás dispuesto a todo por mantenerla. Inteligente, racional y lúcido, administras tus finanzas como el más disciplinado de los soldados: a punta de ahorro y análisis.

NI POR TODO EL DINERO DEL MUNDO

Virgo que se respeta jamás gastará su dinero, ni bajo tortura, si no está dentro de un presupuesto designado, ¿sí o no? Si lo está, vamos sin dudar. Pero si escapa de lo previsto, no habrá forma. No tienes problema en usar tu dinero en algo que te haga feliz, pero *never in the life* lo harás de forma impulsiva.

Y si se trata de una suma extremadamente grande —como para remodelar tu casa, comprar un coche o hacer el viaje de tus sueños—, lo harás con el diseño de un minucioso plan de financiación al que ceñirte.

Los grandes lujos no son algo que te haga perder el sueño. Tampoco los excesos, aunque no eres de piedra, Virgo, algún que otro capricho sí que te sabes dar.

TALENTOS ESCONDIDOS PARA TRABAJOS IDÍLICOS

Tú eres capaz de encontrar una aguja en un pajar, el orden —¡y el desorden!— en cualquier lado, Virgo. Esa mirada analítica, así como tu capacidad para la planificación, te hacen el máster de los números. Carreras como contador, analista de datos, matemático, economista y financiero van bien contigo.

El *control freak* que llevas dentro tiene sus ventajas, Virgo, sácalo a relucir. No dejar nunca nada a la suerte y obsesionarte con cada detallito son cualidades que te convierten en el superhéroe de la organización. Esto va desde planificar el cumpleaños más inolvidable para tu *bestie*, conseguir una reserva en el mejor restaurante de la ciudad, hasta ser el organizador de eventos más cotizado o el asistente personal que cualquier figura VIP sueña con tener.

¿EN QUÉ NO GASTAS TU DINERO?

Como no podía ser de otra forma, eres el rey del ahorro y te encantan las gangas, Virgo. Remates, promociones o cupones, ahí vas feliz de la vida para estirar tu dinero lo más que se pueda. Sabes cuánto costó y más te vale sacarle el jugo hasta el último céntimo. Pagar *full price* va contra tus diez mandamientos de vida y sobre todo si es un gasto que no esperabas.

Jamás irías al restaurante de moda con 16 tiempos de menú y con 5 estrellas Michelin, si no fuera una ocasión realmente especial y planeada. Una pedida de mano, tal vez; el cumpleaños de tu ser amado, ni hablar. Mejor comer en la cervecería más cercana. Perfumes caros, lo dudas; ropa, siempre hay opciones que no tienen que ser de diseñador; coches, de segunda mano, que también son buenos.

¿CÓMO INVIERTES, VIRGO?

El mantra: «quiero vivir al límite y tomar muchos riesgos» nunca te ha representado. Es tan desconocido para ti como el final del universo. Si fuera por tu «yo» más cauteloso, guardarías tu dinero abajo del colchón y ya está. Pero tu «yo» más pragmático y racional sabe que te estarías perdiendo una gran oportunidad. Por eso, cuando de invertir se trata, pasas horas y horas analizando tus opciones en busca de la mejor. No nos sorprende.

«Más vale pájaro en mano... que todo tu dinero volando.» Apostar o invertir en la bolsa equivale a un ataque cardiaco causado por la ansiedad. Te sentirás más cómodo con herramientas fiables que den ganancias, pero que tengan poco riesgo, como echar la lotería o las cuentas a plazo fijo.

PARA QUE TE SOPORTES

Tú eres el CEO de «SobreAnalicemosTodo, S.A.». Ese síndrome de pensador crónico te ayuda a tener mapeados absolutamente todos los detalles de una tarea. ¿Lo quieren? ¡Lo tienen! Eres el mago de hacer que las cosas sucedan. Pero la búsqueda de perfección también tiene un precio: ganarse el título del *workaholic* de la oficina y unos días en «Burnoutlandia». Así que para que no te quemes aquí te van algunos consejos:

- Enfócate en una sola tarea a la vez, es mejor.
- Evita el *multitasking* y las situaciones de estrés extremo que puedan provocar en tu cabeza el Error 404.
- Deja de lado frases como «No te lo tomes a mal, pero...» porque, normalmente, seguido de eso dejas caer una bomba en la oficina.

SALUD

MARTE, PLANETA ENERGÉTICO

¡Qué farmacia ni qué farmacia! Para conseguir cualquier remedio basta con abrir tu cajón de las medicinas. Un hipocondriaco como tú, Virgo, está más surtido que un almacén de hospital. La verdad es que te enfermas con facilidad; y no porque seas debilucho, sino porque en cuanto sientes algo raro le das tantas vueltas al asunto que sí o sí termina convirtiéndose en algo más.

Mercurio domina el cerebro y el sistema nervioso y controla los vínculos entre la mente y el cuerpo, por eso tú eres el astro de la somatización. Tu intestino es el más sensible de todo el zodiaco y tu sistema digestivo paga los platos rotos de un cerebro que trabaja horas extras. Convierte al yogur con probióticos en tu postre de cabecera; continúa con tu dieta saludable —pero sin obsesionarte— y deja de consultar con Dr. Google.

DEPORTES

El día más odiado para ti en la escuela era cuando organizaban las pruebas para los deportes. Ahí sí que te daba algo. Competir con otros casi te da más miedo que tener toda una lista de pendientes sin marcar. Aléjate de todo lo que sean las pruebas de atletismo, los deportes de combate o el tenis. Y ni te acerques al fútbol, al baloncesto o al béisbol... Para ti solo hay una cosa peor que los deportes competitivos: los deportes competitivos en equipo.

Lo que tú necesitas, Virgo, es despejar la mente y mover el esqueleto, no agregarte una cosa más en la cual demostrar que eres mejor que los demás. Elige el Pilates, el yoga, la danza, el *gym* o las caminatas por las mañanas. Si te sientes atrevido, hasta podrías animarte con el *running*; ahí solo competirás con tu propio cronómetro.

CUENTA HASTA 10, VIRGO

Serás un signo de tierra, pero cuando las cosas no salen como esperabas, pareces salido directo de la boca de un dragón. Irritarte de la nada es tu pasión. Tus berrinches son famosos y temidos. Cuídate de la autocombustión con estos consejos:

- Sí, sí... tú lo habrías hecho mejor. Todos lo sabemos, así que basta con que lo digas en voz alta una vez; las otras 500 repítelas en tu mente, de tal manera que aprendas la lección pronto y puedas solucionarlo cuanto antes.
- Encuentra algo para limpiar u ordenar; lo que sea que tengas a mano. Eso te dará paz mental. Si estás en la oficina, ordena tus papeles o lapiceros; si estás en casa, hasta doblar ropa funciona.
- Usa una tarde para hacerte una sesión de *skincare*.
- Aplica la perritoterapia: no importa si es en TikTok, con memes o en una visita al parque.

TUS FRASES MÁS ARROGANTES

- Quítate, yo lo hago.
- Después me lo vas a agradecer.
- Ya he comprobado que hacerlo de esta manera es mejor, ¡hazme caso!
- Es que vosotros lo hacéis todo mal, no escucháis a quien sí lo sabe hacer.

LO QUE TE QUITA EL SUEÑO

No hay nada que te quite el sueño, porque en realidad tú no duermes, Virgo. Aún hoy sigue siendo un enigma para la ciencia saber cómo funcionas con una, dos o tres horas de descanso al día. Eso sí, que no duermas no significa que sean tus problemas los que te desvelan: justamente tu mente, esa que da más vueltas que un hámster en una rueda, se vuelve hiperactiva por las noches y es la culpable.

La lista de motivos es larga y te da para escoger. Puede ser que estés ensayando conversaciones hipotéticas que nunca sucederán. O que tengas dudas sobre si llegaste a guardar ese documento importante antes de apagar el ordenador. También puedes darle vueltas a si el dinero te alcanza o si estás trabajando demasiado por un sueldo bajo. Otra es renegar por cualquier cosa que no salió como querías o hacer hipótesis sobre cómo continuará ese cotilleo del que te acabas de enterar.

PARA QUE TE SOPORTES

ADVERTENCIA: esto podría herir susceptibilidades. Lee ateniéndote a las consecuencias.

- Haz-lo-tú. Lee esta frase en voz alta; ahora léela otra vez. ¿Viste que sí la podías pronunciar? Practícala cuantas veces sea necesario hasta que logres decírsela a tu compañero de trabajo, tu pareja o tus amigos y te quites estrés de encima.
- Dicen que pensar es gratis, pero a ti te sale caro. Deja de *googlear* todos tus síntomas y autodiagnosticarte con cuanta enfermedad te muestre el buscador.
- Contrata un paquete anual con un masajista. Cargar con tantas mochilas no solo da dolor de espalda, sino también de cabeza. Consiéntete y combate las contracturas y el *burnout* en la camilla.

- Nadie entiende que tú, el máster de la organización, tengas, además, un posgrado en procrastinación. Deshazte de tu costumbre más tóxica de trabajar únicamente bajo presión porque te pasa factura.
- Menos drama y más cama. A tu estabilidad mental y física lo que le falta son horas de sueño. Tómate tu infusión de manzanilla, ponte unas gotitas de lavanda en la almohada y a partir de las 9 de la noche que el móvil solo sirva para poner música de relajación.

RITUALES EFECTIVOS

PARA MANTENERTE HUMILDE

¿Para qué lo vas a negar? Tienes tanta flexibilidad como un ladrillo de construcción. Que te cambien de día la reunión que tenías programada para hoy o que vayan a comer carne cuando habían quedado en pescado es casi tan terrible como que te digan: «No te preocupes, Virgo, yo me encargo».

Tu ritual para no ser tan inflexible es el siguiente:

- Lleva una aguja pequeña y un pedazo de estambre grueso en la cartera o guárdalo en el cajón de tu escritorio.
- Cada vez que te cambien una coma en algún documento, te digan que la reunión se ha reprogramado o tus amigos te cancelen la salida, trata de pasar el estambre grueso por la agujita.
- Un minuto bastará para que te des cuenta de que es en vano. Lo mismo pasa cuando pretendes que la vida siga siempre tu plan y tu agenda.

PARA QUE SE ENAMORE PERDIDAMENTE DE TI

Si te quedas esperando a que aparezca la persona que cumpla con TODOS los requisitos de perfección contenidos en tu larga lista para el *crush* ideal, mejor búscate una silla para esperar cómodo. Relájate (o al menos inténtalo) y convierte estas instrucciones en tu ritual para ir por el amor.

- Coordinad con anticipación lugar, hora y plan para la cita.
- Ponte tu perfume favorito, pero no abuses.
- Antes de salir de casa, repite tres veces esta frase: «No todo tiene que salir perfecto».
- No llegues media hora antes. Y si lo haces, espera fuera o da una vuelta por el barrio. Entra solo 5 minutos antes.
- No eres reportero de *Corazón, corazón*; mejor no seas tan cotilla.

- La forma correcta de reaccionar a una sorpresa es agradecer, no entrar en ataque de pánico. «No todo tiene que salir perfecto. No todo tiene que salir perfecto. No todo tiene que salir perfecto».
- Termina la cita temprano; tu batería social es de corta duración.

PARA QUE NUNCA ENFERMES

Hipocondriaco que se respeta tiene eneldo en casa. Tú que eres el rey de las rutinas, ármate una con esta planta para convertirla en tu ritual de sanación.

- Cada mañana tómate una tacita de té de eneldo. Tiene muchísima vitamina C, así que le dará un *punch* extra a tu sistema inmune... Eres de los pocos que reconoce que hasta un resfriado puede convertirse en enfermedad mortal.
- Congela el té de eneldo en un molde para hielos dentro del congelador. Acompaña todas tus comidas con un vasito de agua lleno de esos cubitos. Facilita la digestión y es diurético, así que te ayudará a ponerte menos tóxico cuando alguien llegue tarde o se tome un poco de tu café en la oficina.
- Y, por supuesto, no salgas de casa sin encomendarte a todos los santos ni despedirte de tu virgencita milagrosa. Amén.

OBJETO DE PROTECCIÓN

¡A la mierda la envidia y las malas energías! Ten cerca un ojo turco y estarás siempre protegido. Como el más cerebrito del zodiaco, el mal de ojo está a la orden del día y este amuleto te ayudará a escudarte de la energía negativa. Aunque comenzó a usarse en Turquía y Grecia, su comprobado poder lo ha vuelto famoso en todo el mundo. Llévalo siempre contigo como un adorno en una pulsera o collar o cuélgalo mirando la puerta de tu casa u oficina.

TALISMÁN

Prendamos una vela por todas las veces que te has quedado horas y horas ¡Y HORAS! pensando en las consecuencias de tomar una decisión. O en las mil y una veces que repetiste una conversación en tu mente analizando qué habría pasado si, en vez de A, hubieras dicho X, Y o Z. Por eso el ancla es un talismán para ti, Virgo. Simboliza la estabilidad y el poder; te ayudará a conectar con tu centro. Así, en sintonía con tu fuerza interior, esos vaivenes de pensamiento no zarandearán tu barco.

AMULETO

Si alguien necesita que le den una mano extra, ese eres tú, el popular «yolohagosolito» del zodiaco. Ayúdate a ti mismo y consíguete una mano de Fátima. Este antiguo amuleto —venerado en las culturas de oriente— representa una mano simétrica. Si los dedos están hacia arriba, simboliza protección que repele las malas energías. Si la Mano de Fátima o Hamsa (como también se le conoce) está hacia abajo, brinda lealtad, pureza de corazón, fidelidad y abundancia. Muchas veces en la palma de la Hamsa puede dibujarse un ojo, inscripciones religiosas o una flor de loto. Asegúrate de que la tuya lleve el ojo; es el mejor combo para ti, Virgo.

PRUEBA

TU PRIMER ELEMENTO

A continuación, un test para saber si eres un Virgo de tomo y lomo. Una forma infalible de descubrir si estás alineada con tu signo solar. Cinco preguntas sobre tu personalidad que revelarán la verdadera virgen que eres (o no):

1. ¿Cómo sueles tener la casa cuando hay visita?

A) No la tengo perfecta, me gusta dejar alguna cosa un poco por en medio para que se note que ahí vive alguien.

B) Tan perfecta que parece de catálogo.

C) No pienso ni lavar los platos de la cena de antes de ayer que ya están empezando a criar moho.

2. Tienes que entregar un trabajo para la mañana siguiente, son las 11 de la noche, ves que ya lo tienes suficientemente bien, pero se podría mejorar (aunque dormirías menos...). ¿Qué haces?

A) Como mucho me despierto un poco antes para revisarlo, pero tampoco me voy a quitar horas de sueño.

B) Me quito horas de sueño para mejorar el trabajo, el *multitasking* y el *burnout* son mis fieles compañeros.

C) Lo dejo como está, que sea lo que Dios quiera...

3. ¿Te han dicho alguna vez la frase «tienes que dejar de priorizar a los otros antes que a ti»?

A) Alguna vez, pero he aprendido a valorarme y priorizarme.

B) Bastante, tengo frita a la psicóloga.

C) Nunca, siempre me pongo por delante de todo el mundo, por algo es mi vida.

4. ¿Eras empollona durante tu vida escolar?

A) Era de notables.

B) Era Hermione de *Harry Potter*, es decir, la mejor bruja de todo el horóscopo.

C) ¡Aprobaba por los pelos!

5. Tu amiga se ha teñido el pelo de un color horrible y nadie le ha dicho que no le favorece. ¿Serás tú la primera en contar la verdad?

A) Le dejo caer que no me acaba de encantar, aunque no me gusta herir a la gente que quiero.

B) Claro, la verdad a la cara siempre.

C) Para nada, ya se enterará.

RESULTADOS

A: No eres Virgo, te falta un punto de perfección y de disciplina, pero con años de trabajo sé que lo podrías conseguir.

B: Eres una persona muy Virgo y muy orgullosa de ser Virgo, me alegro por ti.

C: Eres demasiado pasota para ser Virgo. De hecho, eres la pesadilla del signo encarnada.

TU SEGUNDO ELEMENTO

Es posible que hayas nacido Virgo, pero todas las variables de tu carta astral te hacen tener matices que no te cuadran con algunas descripciones de tu signo. «Ya decía yo que todo esto no es cierto, me engañaron, esto se lo inventaron...». ¡PARA! Respira. Lo que queremos decir es que es posible que tu personalidad tenga influencias de otros elementos y eso significa que no todo es blanco o negro a la hora de ser humano y esta prueba te puede ayudar a conocerte mejor, saber cuáles son esas pizcas de los otros elementos que te hacen único y también te ayudan a entender de dónde salen esas actitudes tan intempestivas, pero que son tan naturales en ti.

Virgo, ya sabes que tienes los pies en la tierra. Te lo dice tu elemento, pero ¿sabes cuál es el otro elemento que predomina en tu vida?

Esta prueba está diseñada para que evalúes la porción que tienes de cada elemento y puedas equilibrar lo que te gusta y lo que no; averiguar de dónde salen esas reacciones tan poco representativas de Virgo o, por el contrario, confirmar que estás enterrado hasta las rodillas. Asigna un punto por respuesta positiva. Y si no eres ni uno ni otro, pues asigna medio punto por respuesta.

	SÍ	NO	A VECES
FUEGO			
¿Vives la vida a lo grande, sin reservas, sin importar lo que pase a tu alrededor?			
¿Eres auténtico, directo, dices lo que piensas y no dejas que nadie se imponga sobre ti?			
¿Eres el líder natural de todos tus círculos por ser el que planea, motiva y, a veces, manda hasta sin darse cuenta?			
Si alguien te cuestiona, ¿haces todo lo posible para demostrar quién es el que manda?			
¿Es inevitable para ti pensar que tu felicidad es lo más importante del «mundo mundial» y todo lo que se interponga entre tu felicidad y tú debe ser eliminado?			
Cuando hablas, ¿tienes un impulso descontrolado y dices todo lo que se te pasa por la cabeza sin pensar en las consecuencias?			
TIERRA			
¿Tus acciones son gobernadas por la lógica y no permites que los sentimientos interfieran en tus decisiones?			
¿Tienes síndrome del árbol? (Quieres sentarte en la misma silla, ordenar las cosas de igual manera en todos tus asuntos, es difícil pensar en una mudanza o en cambios drásticos repentinos.)			

	SÍ	NO	A VECES
¿Te gusta más tener un recuerdo físico y palpable que una loca experiencia?			
¿Eres apegado a tus pertenencias y podrías dedicarte a ser un coleccionista profesional?			
¿La disciplina es una característica fundamental para tener éxito en cualquier aspecto de la vida? (Hasta para la diversión creas reglas.)			
¿Podrías anteponer tu bienestar laboral a tu vida personal o tus gustos?			
AGUA			
¿Tus sentimientos mandan en tu vida? (Mejor dicho, ¿eres *drama queen?)*			
¿Piensas que nadie puede entender lo profundo de tus sentimientos?, ¿que los demás no sienten igual?			
¿Te es más fácil llorar que anudrte los cordones?			
Y aun con lágrimas en los ojos, ¿sientes que puedes con todo y que nada puede destruirte?			
A la hora del amor, ¿eres un romántico empedernido y tu pareja se convierte en el centro de tu vida?			
¿La palabra *infidelidad* te suena rarísima y no sabes ni siquiera cómo alguien puede pensar en otra persona que no sea su pareja?			

	SÍ	NO	A VECES
AIRE			
¿Tu gran pasión está en cómo puedes decir o entender todo lo que pasa a tu alrededor?			
¿Eres el alma de la fiesta y respiras vida social?			
¿Calculas todo, piensas demasiado y, muchas veces, esos pensamientos no llegan a concretarse?			
¿Puedes sostener una conversación de lo que sea, con quien sea, sin ningún tipo de problema?			
¿Solamente pensar en que vas a estar en el mismo lugar durante mucho tiempo te pone la piel de gallina y sientes horror?			
Cuando hablas con personas, ¿a menudo te dicen que se sienten comprendidas?			

¿Cuál fue tu mayor puntuación? Suma los puntos y descubre tu resultado en las siguientes páginas.

RESULTADOS

Mayoría de fuego

Hay momentos en que el fuego se te sale por los poros. Una cama no será jamás tu lugar ideal para una noche de revolcón; la lentitud es tu kriptonita, vives alimentado de pasión y energía. Tienes una personalidad fuerte que se compara con el Sol: a veces calientas y otras chamuscas. Te gusta vivir al límite, y te concentras con tanta intensidad que muchas veces no te das cuenta de qué pasa a tu alrededor o a quiénes pueden hacer daño tus actos. Eres un líder sin esfuerzo, naciste para dirigir, motivar e instruir, no se te da bien seguir al rebaño.

Los signos de fuego son: Aries, Leo y Sagitario.

Mayoría de tierra

Tus ganas de perfección y control te hacen tener los pies bien plantados en la tierra. Tu carácter es fuerte y sólido; a ti no se te pasan tan rápido los problemas y estás dispuesto a explotar por ellos.

En la cama prefieres un toqueteo más largo y te tomas tu tiempo para calentar las cosas, no tienes prisa y lo disfrutas todo lentamente. Eres estable y disciplinado —al menos en tu forma de pensar—. Tu cabeza nunca visita las nubes, tienes los pies firmes en el suelo. El sentido de propiedad privada trasciende a las personas, por lo que eres propenso a los celos. Eres cuadriculado en tu pensar y eso se traduce en que eres muy terco.

Los signos de tierra son: Tauro, Virgo y Capricornio.

Mayoría de agua

Por un lado, eres realista y sensato, y un segundo más tarde estás sonándote los mocos por la belleza de las mariposas volando. Aunque escondas mucho tras esa cara seria y tu obsesión por la perfección, Virgo, basta un poquito de agua para que florezcan tus emociones y sientas todo con mucha intensidad: el amor, la alegría, el odio, la frustración. Tus reacciones pueden ser en extremo dramáticas cuando se trata de los sentimientos. En la cama tienes la lujuria potente de Escorpio, que de agua mansa pasa a ser ese huracán rugiente que deja sin aliento y libera pura energía.

Los signos de agua son: Cáncer, Escorpio y Piscis.

Mayoría de aire

Que sople el viento para remover tus excesos de tierra, Virgo. Así tu practicidad y organización no te convierten en inflexible y tu gustito por el control se relajará fuera de esos límites. Que no se te olvide que solo los bobos tratan de tomar el aire con los puños.

Si tu segundo elemento es el aire que se den media vuelta los aburridos y, *bye bye*, si te vi, no me acuerdo. La vida es una sola y no da para quedarse sentado esperando por nada ni nadie. Si te enfocas en eso, podrías ser hasta el más rápido en pasar página, todo un logro para tu posesiva y recelosa esencia virginiana.

Los signos de aire son: Géminis, Libra y Acuario.

Querido Virgo, después de todo lo que hemos dicho en este libro, de cómo hemos descrito y desvelado los más íntimos secretos de tu personalidad (eso que ni a ti te gusta admitir o que no habías notado de manera consciente), creemos que esta prueba te ha enseñado que no debes ser tan inflexible con los extremos, sino que hay una enorme escala de grises en medio.

Ya que has sobrevivido a esta cantidad desproporcionada de verdades sin adornos, como te gusta, piensa en este libro como un manual de consulta al que puedes volver cada vez que se te olvide lo confiable, perfeccionista, honesto, observador, capaz y cascarrabias que eres. Si te gustan los secretos del horóscopo, seguro que te gustará conocer más de tu ascendente, tu Luna, y cómo entender las piezas que no encajan del todo. Si es así, no dudes en consultar los otros signos para acabar de soportarte a ti mismo.

GLOSARIO

Planeta regente, Mercurio retrógrado, signo ascendente... Respira hondo y no te desesperes. Hemos preparado un glosario para que entiendas mejor los términos.

Signo solar

El que le preguntas a tu *crush* y que siempre consultas en el horóscopo. Se define teniendo en cuenta en qué constelación se encontraba el Sol, el día y mes en que naciste.

Carta astral

Es la «foto» de cómo estaba el cielo aquel preciso instante en el que naciste. Con ella conocerás la posición exacta de los planetas: tu signo solar, tu ascendente y descendente, así como características únicas.

Signo ascendente

Representa la forma en la que te acercas a la vida y cómo te perciben los demás. Se define teniendo en cuenta qué signo asomaba por el horizonte al momento de nacer. Para saber cuál es el tuyo necesitas tu carta astral.

Signo descendente

Tu signo descendente —al ser el opuesto a tu ascendente— representa a tu posible compañero de vida. Calcúlalo de forma fácil: están a seis signos de distancia uno del otro. Conocerlo te ayudará a entender mejor a tu pareja y lo que buscas o encontrarás en ella.

Mercurio retrógrado

Este fenómeno se da cuando este planeta pareciera quedarse quieto e ir en retroceso, en «retrogradación». Y como Mercurio es el responsable de la comunicación, los malentendidos y desacuerdos están a la orden.

Planeta regente

Cada signo del zodiaco vibra de forma particular con un planeta del sistema solar o sus astros, y esa afinidad energética es la que define el planeta correspondiente a tu signo.

Elementos

La tierra, el fuego, el aire y el agua son los cuatro elementos de la astrología y cada signo del zodiaco está relacionado con uno de ellos. Los signos de tierra son cuadrados y confiables. Los de fuego son pura chispa, y con energía. Los signos de aire son visionarios y rápidos de pensamiento; y los de agua destacan por su intuición y sensibilidad.